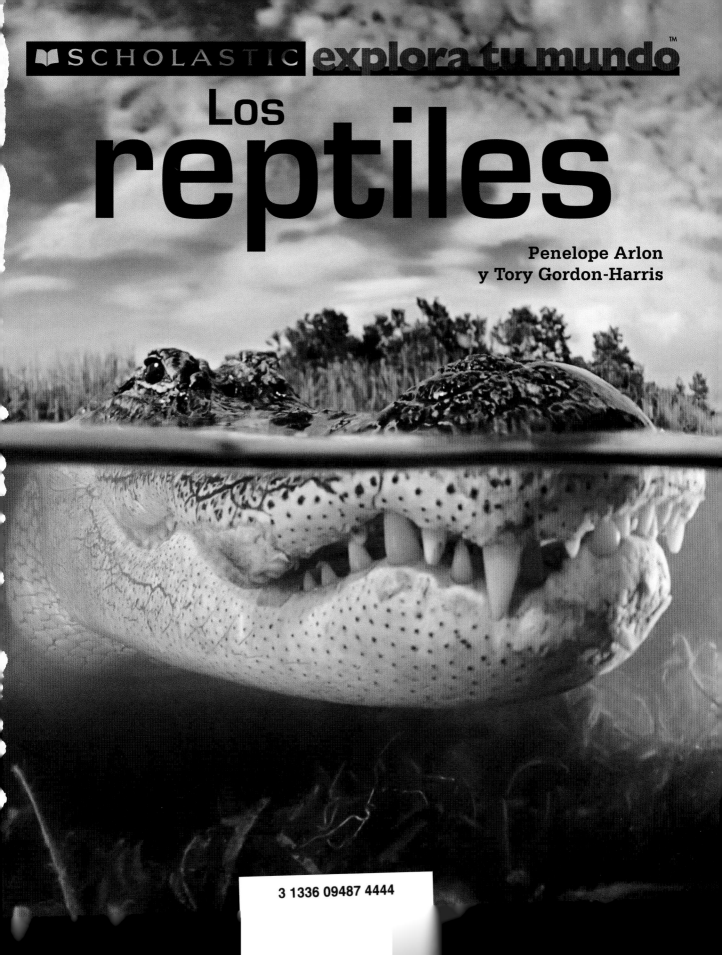

SCHOLASTIC **explora tu mundo**™

Los reptiles

Penelope Arlon
y Tory Gordon-Harris

Libro digital gratis

Lee historias reales de ataques de reptiles y aprende un poco más sobre algunos reptiles depredadores muy peligrosos.

reptiles al ataque

Libro digital complementario de **Los reptiles**

SCHOLASTIC

Descarga gratis el libro digital
Reptiles al ataque
en el sitio de Internet en inglés:
www.scholastic.com/discovermore
Escribe este código: **RC4PMRCRXF42**

Un libro interactivo con datos, estadísticas, fotos y videos de los reptiles más peligrosos del mundo.

Relatos de testigos de ataques de reptiles y consejos para protegerse de los reptiles.

Es muy fácil descargar el libro digital. Ve al sitio web (a la izquierda), pon el código y descarga el libro. Ábrelo después con el programa Adobe Reader.

Consultora:
Kim Dennis-Bryan, PhD
Consultora educativa:
Barbara Russ
Directora de arte: Bryn Walls
Diseñadora: Ali Scrivens
Editora general: Miranda Smith
Editores en español:
María Domínguez, J.P. Lombana
Editora de producción:
Stephanie Engel
Editora en EE.UU.: Esther Lin
Diseñador de la cubierta: Neal Cobourne
DTP: John Goldsmid
Editor de fotografía digital: Stephen Chin
Editora de contenido visual:
Diane Allford-Trotman
**Director ejecutivo de fotografía,
Scholastic:** Steve Diamond

Scholastic hace esfuerzos constantes por
reducir el impacto de nuestros procesos de
manufactura. Para ver nuestras normas para
la obtención de papel, visite
www.scholastic.com/paperpolicy.

Contenido

El mundo de los reptiles

Serpientes y lagartos

El mundo de los reptiles

Los reptiles han vivido en la Tierra al menos 300 millones de años. Han hallado increíbles maneras de sobrevivir en condiciones extremas. Por ejemplo, en el desierto de Namib, en África, este gueco palmeado se toma el agua del rocío que se acumula en sus ojos al amanecer.

¿Qué es un reptil?

Los reptiles son animales de sangre fría con el cuerpo cubierto de escamas. Han vivido en nuestro planeta por millones de años.

Carnívoros

Casi todos los reptiles son carnívoros, por lo que deben ser buenos cazadores. Algunos están entre los depredadores más implacables del mundo.

Este gueco vive en las selvas de Madagascar, una isla al este de África. Se alimenta de los insectos que caza.

La familia Los reptiles se pueden dividir en cuatro grupos.

Tuátaras

La tuátara es el único miembro viviente de un antiguo grupo de reptiles.

Tortugas

En este grupo están los galápagos y las tortugas. Tienen caparazones duros.

Serpientes y lagartos

Tienen cuerpos largos y flexibles. Muchos tienen lenguas bífidas.

Casi todos los reptiles ponen huevos de los que

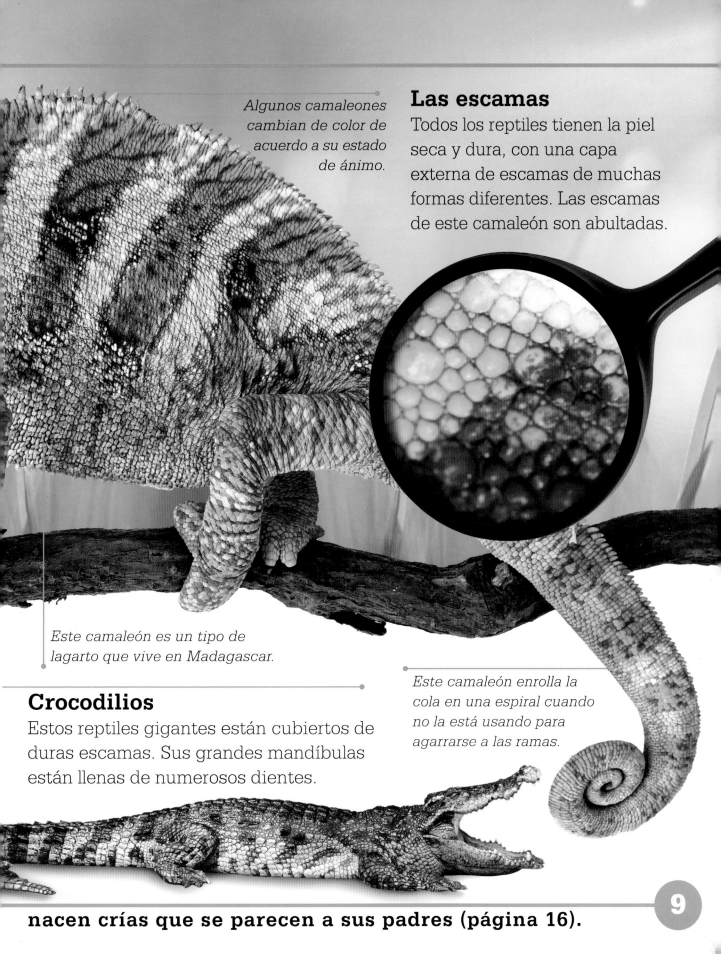

Algunos camaleones cambian de color de acuerdo a su estado de ánimo.

Las escamas

Todos los reptiles tienen la piel seca y dura, con una capa externa de escamas de muchas formas diferentes. Las escamas de este camaleón son abultadas.

Este camaleón es un tipo de lagarto que vive en Madagascar.

Este camaleón enrolla la cola en una espiral cuando no la está usando para agarrarse a las ramas.

Crocodilios

Estos reptiles gigantes están cubiertos de duras escamas. Sus grandes mandíbulas están llenas de numerosos dientes.

nacen crías que se parecen a sus padres (página 16).

Animales de sangre fría

Los reptiles son animales de sangre fría. Eso no quiere decir que su sangre es fría, sino que no pueden regular la temperatura de sus cuerpos como los mamíferos.

Baños de sol

Los reptiles se echan al sol para calentar sus cuerpos y darles energía. Cuando están muy fríos no pueden moverse fácilmente ni digerir alimentos.

Listo para cazar

❶ Calentarse

Por la mañana, la iguana marina se tiende al sol para calentarse tras la noche fría.

❷ Al agua

Cuando ya se ha calentado, se mete en el agua a cazar. A los diez minutos debe salir de nuevo a calentarse.

❸ Frío y caliente

Al salir del agua, la temperatura de su cuerpo es de unos 81°F (27°C). Tras una hora al sol, su cuerpo se calienta hasta alcanzar 97°F (37°C).

iguana marina

Como los reptiles necesitan la luz del sol para vivir,

La hibernación

Algunos reptiles, como estas serpientes de jarretera, pasan el invierno en madrigueras en estado de hibernación.

A veces miles de serpientes hibernan juntas.

DESCUBRIMIENTOS

En la década pasada se descubrieron unas 50 especies nuevas de reptiles... ¡algunas muy grandes!

Esta víbora de foseta verde de ojos rojos fue descubierta en Cambodia en 2011.

Es increíble que hasta 2010 no se hallara este varano de 6 pies (1,8 m) de largo en la parte norte de la Sierra Madre de Filipinas.

son más comunes en las zonas cálidas.

Piel y escamas

La piel de los reptiles está cubierta de escamas que forman una coraza que los protege.

Escamas muy resistentes

Las escamas de los reptiles están hechas de queratina, como tus uñas, por lo que son duras y flexibles. La piel de los reptiles es impermeable.

Las escamas impiden que los insectos piquen a los reptiles.

Más de cerca

1 La serpiente

Casi todas las serpientes tienen escamas superpuestas lo que les permite doblarse fácilmente.

Las escamas protegen del roce con superficies como la corteza de los árboles o la arena caliente.

boa esmeralda

Las escamas impermeables conservan el agua que hay en sus cuerpos: por eso no necesitan beber mucha agua.

Mira las escamas

Hay muchos tipos de escamas.

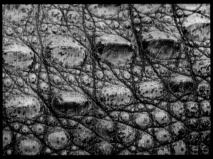

② El lagarto

Casi todos los lagartos tienen escamas pequeñas (a veces abultadas) con piel elástica entre ellas.

③ El cocodrilo

El cocodrilo tiene escamas abultadas muy duras con bases óseas.

④ La tortuga

El caparazón de la tortuga tiene placas duras fundidas unas con otras.

Las serpientes de cascabel hacen sonar su cascabel para asustar a los depredadores.

Las serpientes no tienen párpados sino escamas que protegen sus ojos.

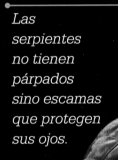

culebra de collar

Escamas ruidosas

La serpiente de cascabel tiene escamas grandes y huecas en la cola que hace sonar.

Cambio de piel

Las escamas se rompen, como las uñas, y se caen. En el momento de la muda, la serpiente sale de su cubierta de escamas como si saliera de una media.

13

puntiagudas del diablo espinoso en la página 20.

Al acecho

Muchos reptiles usan camuflaje para evadir a sus depredadores

Con los ojos en la arena

Las escamas de la víbora de la arena le permiten camuflarse perfectamente en su medio. La víbora se entierra en la arena y deja solo sus ojos al descubierto. Cuando su presa se acerca, se lanza sobre ella, la muerde y le inocula su veneno.

o, como en este caso, para acechar a sus presas.

Los huevos

Casi todos los reptiles ponen huevos, pero hay serpientes y lagartos que paren a sus crías.

Muchos huevos de tortuga son redondos como pelotas.

Tipos de huevo

Los huevos de las tortugas terrestres y los cocodrilos tienen cascarones duros. La mayoría de las tortugas, lagartos y serpientes pone huevos de cascarón blando.

Los huevos de cocodrilo se parecen a los huevos de ganso.

Los huevos blandos de las serpientes y los lagartos son ovalados.

Nidos subterráneos

La mayoría de los reptiles pone huevos en madrigueras o bajo las plantas, donde la temperatura es cálida, para mantenerlos saludables.

La cría rompe el cascarón con un "diente" que tiene en el morro.

Minirreptiles

Todas las crías de reptiles parecen versiones en miniatura de sus padres.

pitón real

Nido de pitón

La mayoría de los reptiles abandona los huevos tras ponerlos, pero la pitón los envuelve con su cuerpo para darles calor y protegerlos.

Crías vivas

Muchas serpientes paren a sus crías. Esta serpiente de jarretera lleva de 9 a 12 huevos en su cuerpo hasta el momento en que nacen sus crías.

En peligro

Las crías de reptiles son pequeñas, por lo que pueden ser presas fáciles de depredadores. Pero a menudo son fieras y se mueven ágilmente desde que nacen.

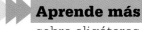

Aprende más sobre aligátores en las págs. 58–59.

una cría de cocodrilo sale del huevo

Gigantes antiguos

Constantemente se descubren fósiles de reptiles que indican que algunos reptiles del pasado eran gigantescos.

Parientes prehistóricos

En la era de los dinosaurios (entre 240 y 65 millones de años atrás), abundaban los reptiles. Los dinosaurios y los reptiles eran los más grandes depredadores de la Tierra. El *Deinosuchus*, un pariente de los cocodrilos, medía 50 pies (15 m) de largo.

Descubrimientos monstruosos

Los reptiles aparecieron hace al menos 300 millones de años. Comparados con los actuales, los reptiles prehistóricos eran gigantescos.

En 2009 se descubrió un fósil de Titanoboa. Esta boa, que medía 46 pies (14 m) de largo, vivió hace 58 millones de años.

pitón reticulada   *Titanoboa*

Estudios recientes muestran que la Megalania, un inmenso lagarto desaparecido hace 40.000 años, ¡medía 18 pies (5,5 m) de largo!

Megalania

dragón de Komodo

En 2012 se descubrió en África el cráneo de un cocodrilo gigante que vivió entre 2 y 5 millones de años atrás. A su lado el cocodrilo del Nilo luciría muy pequeño.

Crocodylus thorbjarnarsoni   **cocodrilo del Nilo**

Muchos reptiles gigantes desaparecieron junto con los dinosaurios en una extinción masiva hace 65 millones de años.

Albertosaurus ....

Deinosuchus ......

El Deinosuchus probablemente cazaba dinosaurios, quizás incluso Albertosaurus.

Las serpientes prehistóricas devoraban crías de dinosaurio.

Salón de la fama

Te presentamos los animales más grandes, más chicos, más coloridos y más extraños o extraordinarios del mundo de los reptiles.

EL REPTIL VENENOSO MÁS GRANDE

El dragón de Komodo no es solo el reptil venenoso más grande, ¡sino el animal venenoso más grande del mundo!

EL MÁS RARO

El diablo espinoso es un lagarto del desierto. Bebe el agua del rocío que se acumula en sus escamas.

QUÉ ASCO

El lagarto cornudo puede echar sangre por los ojos si está en peligro.

EL MÁS RÁPIDO

La iguana de cola espinosa de Costa Rica puede correr a 22 mph (35 kph).

El viaje marino más largo que ha dado un animal fue el de

EL MÁS COLORIDO
El agama común puede ser rojo y azul, y tiene la cola rayada.

EL REPTIL MÁS VENENOSO
La Laticauda colubrina tiene una de las ponzoñas más tóxicas del mundo. ¡Mucho cuidado, pescadores!

moneda de 10¢

EL MÁS PEQUEÑO
El jaragua sphaero es uno de los lagartos más pequeños que se conocen.

LOS COLMILLOS
Los colmillos de la víbora del Gabón pueden llegar a medir hasta 1,5 pulgadas (4 cm) de largo.

EL REPTIL MÁS GRANDE
El macho del cocodrilo marino alcanza 16 pies (5 m). ¡Pero se han hallado ejemplares de 20 pies (6 m) de largo!

LA LENGUA MÁS LARGA
Algunos camaleones tienen lenguas dos veces más largas que su cuerpo.

una tortuga laúd. Más información en la página 72.

Serpientes y lagartos

Las serpientes y los lagartos están entre los mejores cazadores del mundo animal. Esta víbora de foseta de Wagler tiene hoyos entre los ojos y la boca con los que siente el calor de los animales de sangre caliente, lo que la ayuda a cazarlos.

Las serpientes

Muchas personas les tienen miedo a estos hábiles cazadores. Pero pocas serpientes son venenosas.

Tipos de serpientes

1 Constrictoras

Estas serpientes rodean y oprimen a su presa hasta matarla. Suelen ser grandes, como las boas y las pitones.

pitón
alfombra

DATOS

LA MÁS GRANDE

La pitón reticulada más larga hallada medía 32 pies (10 m) de largo. ¡Casi como un autobús escolar!

LA MÁS PEQUEÑA

La serpiente hilo de Barbados mide solo 4 pulgadas (10 cm) de largo.

NUEVAS ESPECIES

La víbora cornuda de Matilda se descubrió en una selva de Tanzania en 2010 y le pusieron el nombre de la hija del hombre que la halló. La serpiente kukri camboyana fue descubierta en 2012.

Colmillos plegables

Los colmillos de la víbora se pliegan hasta descansar contra el cielo de la boca. Cuando la víbora ataca, salen hacia adelante e inyectan el veneno.

cascabel
diamantino
del este

cascabel
diamantada
del oeste
albina

La serpiente venenosa más larga es la cobra real.

Existen cuatro tipos principales.

2 Víboras

Serpientes venenosas de colmillos largos plegables. A este grupo lo forman las víboras y las cascabel.

3 Elápidos

Como todos los elápidos venenosos, las cobras y mambas tienen colmillos fijos.

4 Culebras

Dos tercios de las serpientes son culebras, y casi todas son inofensivas como la culebra de collar, la serpiente real y la jarretera.

víbora de foseta de Wagler

cobra egipcia

Supersentidos

La vista y el oído de las serpientes son menos agudos que los nuestros, pero tienen otros sentidos muy finos. ¡Sus mandíbulas pueden detectar las vibraciones de un animal en movimiento!

Cuando la serpiente saca la lengua, está olfateando.

Aprende más

sobre serpientes venenosas en la pág. 34.

Algunas tienen hoyos bajo los ojos con los que sienten el calor de otros animales.

Puede erguirse hasta llegar a la altura de un hombre.

Bajo la piel que cubre el cuerpo largo y sin extremidades de la serpiente, hay un esqueleto y un sistema de órganos que le dan una gran flexibilidad a este depredador.

¡Dos cabezas!

A veces nacen serpientes con dos cabezas. No duran mucho en su hábitat natural pues son más vulnerables a los ataques de sus enemigos.

La mandíbula se mueve hacia afuera cuando traga.

La columna vertebral está formada por segmentos óseos llamados vértebras.

Los huesos del cráneo están unidos, pero no rígidamente, por lo que la serpiente puede abrir la boca muy grande para engullir presas de gran tamaño.

La columna vertebral va de la cabeza a la cola.

La mayoría de las vértebras tiene dos costillas adjuntas.

El esqueleto

Es increíblemente flexible, lo que le permite enroscarse y avanzar con movimientos en forma de S.

Aprende más
sobre el movimiento en la página 30.

Las personas tienen 33 vértebras y 24 costillas. Las serpientes

Corte transversal

Las serpientes tienen muchos órganos, pero estos se hallan en diferentes partes de su alargado cuerpo.

En la cola no tienen costillas.

A la mayoría de las serpientes le falta un pulmón, o lo tiene reducido o inútil.

hígado

riñón

La serpiente hace caca y pipí por un hoyo que tiene en la cola.

El corazón puede moverse ligeramente para que las presas que la serpiente engulle no lo dañen.

intestino

estómago

El olfato

La serpiente recolecta con la lengua partículas del aire que pasan al órgano de Jacobson para ser interpretadas como olores.

Los músculos conectados a las vértebras ayudan a la serpiente a doblarse.

glándula del veneno

órgano de Jacobson

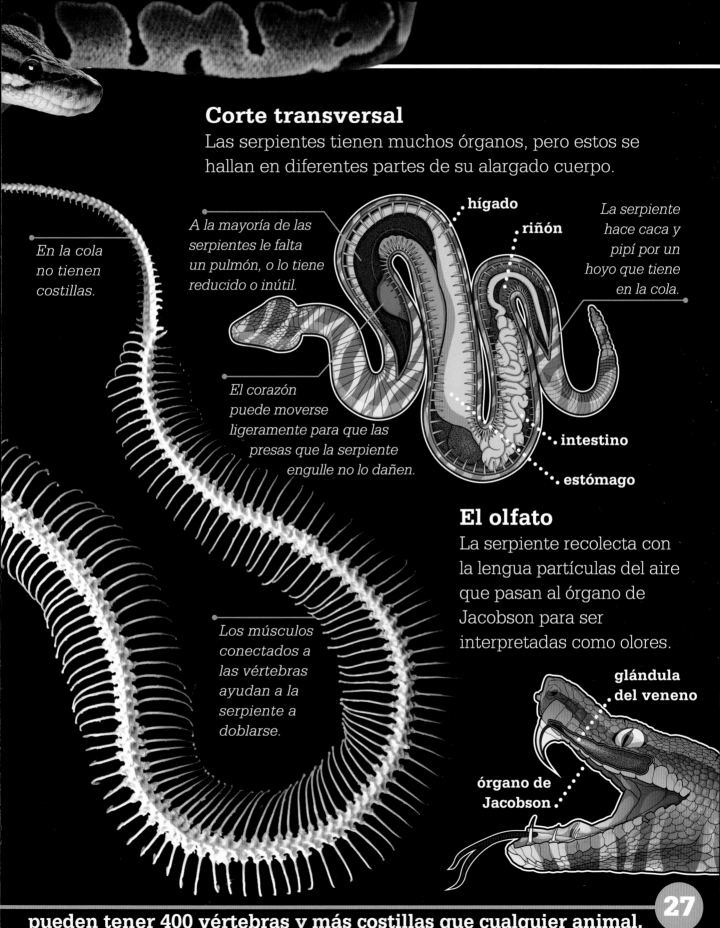

pueden tener 400 vértebras y más costillas que cualquier animal.

El color de la serpiente la ayuda a camuflarse o, si es llamativo, anuncia a otros que es muy venenosa.

boa arcoíris

víbora de la muerte

serpiente hilada de Texas

boa esmeralda

víbora de coral azul

serpiente leopardo

pitón alfombra

víbora cornuda del desierto

culebra de collar europea

boa rosada

pitón de Birmania (albina)

cascabel verde mexicana

bejuca

víbora cornuda del desierto

serpiente real común

bejuquilla verde

serpiente de hocico largo

Lampropeltis alterna

serpiente
de liana

boa arborícola amazónica

crótalo cornudo

serpiente
voladora
dorada

pitón arborícola verde

coral
ratonera

serpiente del maíz

crótalo
cornudo
de Schlegel

víbora echis

serpiente real blanca

boa constrictor

víbora del Gabón

cobra real

cabeza de cobre

víbora común
europea

mamba verde

Serpientes aquí y allá

Estas ágiles criaturas están entre los animales más exitosos de la Tierra. Se han adaptado a todos los hábitats excepto al exceso de hielo y nieve.

mamba negra

Del árbol al mar

Voladoras

La serpiente arborícola del paraíso planea entre los árboles. Extiende las costillas para ser más aerodinámica.

Arborescentes

Un árbol es ideal para ocultarse y observar. Esta pitón arborícola se enrosca en una rama y espera a su presa.

joven pitón arborícola verde

Las serpientes voladoras planean hasta 330 pies (100 m).

serpiente voladora

El suelo

La mamba negra vive en las sabanas de África. Es la serpiente más rápida. Se arrastra tan ágilmente como corre una persona.

El desierto

La víbora de arena vive en el desierto. Por el día se entierra en la arena para protegerse del calor.

La madriguera

Esta *Leptotyphlops scutifrons* vive bajo tierra y tiene escamas lisas que le permiten deslizarse fácilmente.

El mar

Las serpientes marinas deben salir a la superficie del agua a respirar. Esta laticauda tiene la cola en forma de remo para nadar.

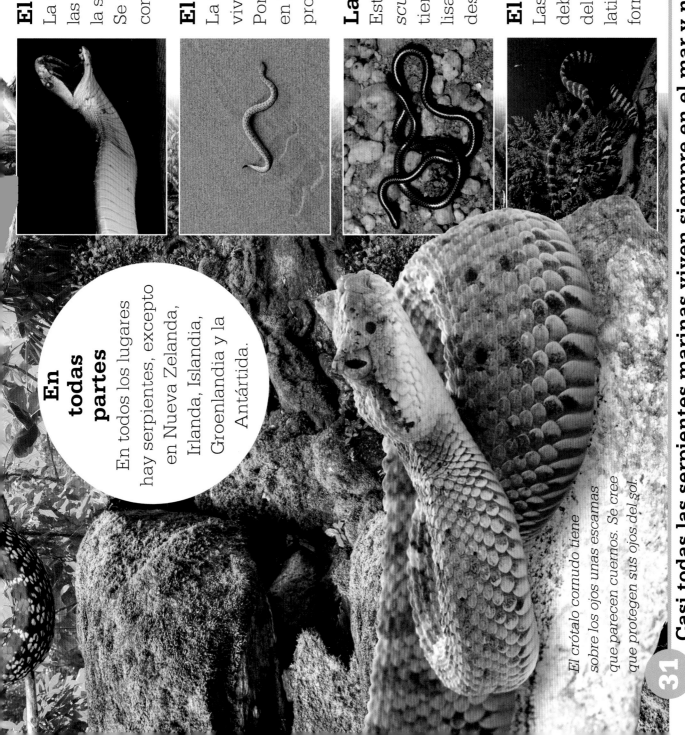

En todas partes

En todos los lugares hay serpientes, excepto en Nueva Zelanda, Irlanda, Islandia, Groenlandia y la Antártida.

El crótalo cornudo tiene sobre los ojos unas escamas que parecen cuernos. Se cree que protegen sus ojos del sol.

Casi todas las serpientes marinas viven siempre en el mar y no andan en tierra.

31

La merienda de las serpientes

Todas las serpientes comen otros animales, desde hormigas hasta cocodrilos. ¡Y se comen entre ellas!

¡Qué bocaza!
Las serpientes tienen mandíbulas separadas para tragar animales grandes enteros. Con sus dientes empujan la presa hacia el estómago.

pitón

Hábitos Las serpientes tienen gustos y

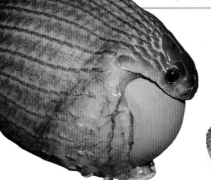

Come huevos
Algunas serpientes tragan huevos y escupen el cascarón.

Constrictora
Cuando la presa suelta el aire, la aprieta un poco más hasta matarla.

Cascabel
La ponzoña de la cascabel contiene venenos que hacen sangrar a su presa sin parar.

Una serpiente se puede demorar hasta dos meses para

La pitón sujeta a su presa con la boca, se enrosca a su alrededor y la aprieta. Se come a la presa entera, comenzando por la cabeza.

técnicas interesantes.

Los pájaros se sienten atraídos por el "gusano", y así los atrapa y los devora.

Serpiente hilo
Emite un olor para confundir a las hormigas y robarles las larvas.

Cantil
Su cola tiene la punta amarilla para atraer la atención.

Aprende más
sobre serpientes venenosas en la pág. 34.

digerir la comida. ¡Esa sí es una digestión lenta!

Aunque casi todas las serpientes huyen cuando se sienten en peligro, muchas tienen excelentes métodos de defensa.

gota de veneno

Las cobras

La cobra se yergue y ensancha el cuello para intimidar a sus depredadores. Si no basta con eso, muerde e inyecta su ponzoña, que paraliza o mata a su víctima.

cobra escupidora

Veneno

El veneno o ponzoña es una saliva tóxica que sale por los colmillos huecos de las serpientes venenosas.

La cobra escupidora puede lanzar su veneno a 6 pies (2 m) de distancia contra la cara de su atacante.

¡El veneno puede ser útil!

Los científicos "ordeñan" a las serpientes y usan las toxinas de su veneno para hacer medicamentos.

Imitación

La *Lampropeltis alterna*, un tipo de serpiente real, simula ser venenosa copiando los colores de la víbora de coral.

Otros métodos de defensa

Camuflaje

A lo mejor crees que es una hoja, pero si miras bien, verás que se trata de una víbora del Gabón muy bien camuflada.

Vivos colores

Los vivos colores de algunas serpientes, como la víbora de coral, anuncian que son peligrosas. Así las serpientes evitan gastar su veneno.

Advertencia

La cascabel venenosa advierte a sus depredadores haciendo sonar la cola antes de atacar.

Diez serpientes mortales

Casi todas las serpientes son inofensivas, ¡pero hay algunas letales! Viven en muchos lugares del mundo, pero la mayoría de las venenosas vive en Australia.

Se debate mucho acerca de cuáles son las más letales. ¿Qué piensas tú?

La feroz víbora de Martinica mata más personas con su dolorosa mordida que cualquier otro reptil de América del Sur.

La cascabel diamantino del este es la serpiente más venenosa de América del Norte. Es responsable de algunas muertes cada año.

¡Una mordida de la serpiente marina de Belcher contiene veneno suficiente para matar a 1.000 personas!

La mamba negra de África es la serpiente más rápida de la Tierra. Antes de que se creara el antídoto a su veneno, el 100% de las personas mordidas por mambas moría.

Muchas serpientes atacan si están en peligro. ¡No las toques!

Los antídotos

Los científicos pueden revertir el efecto del veneno de serpiente con inyecciones de antídotos.

La víbora echis causa miles de muertes en la India cada año.

Las cobras reales son las serpientes más agresivas del mundo. Incluso sus crías tienen un potente veneno.

La serpiente tigre vive cerca de ciudades costeras de Australia. Trepa a los edificios igual que a los árboles.

La serpiente marrón oriental causa casi la mitad de las muertes por mordidas de serpiente en Australia.

La víbora de la muerte de Australia ataca más rápido que cualquier otra serpiente.

La mordida del taipán del interior de Australia puede causar la muerte en 45 minutos.

Los lagartos

Existen unas 3.500 especies de lagartos que viven en casi todos los hábitats del mundo, desde el desierto hasta la selva.

El Chatogekko amazonicus *mide menos de 1 pulg. (25 mm) de largo.*

La mayoría de los lagartos distingue los colores y tiene buena vista.

Buen diseño

Muchos lagartos tienen el cuerpo ideal para su hábitat. Este dragón de agua chino tiene garras afiladas para escalar árboles y una cola fuerte para nadar.

Si se siente en peligro, este lagarto se echa al agua y escapa nadando.

DATOS

EL MÁS GRANDE
El dragón de Komodo más grande que se ha hallado medía 10,3 pies (3,1 m) de largo.

EL MÁS PEQUEÑO
El jaragua sphaero, mide 0,7 pulgadas (18 mm) de largo. Cabe en una moneda de 10¢.

NUEVAS ESPECIES HALLADAS EN 2012
El lagarto de Anguila, una lagartija de cola azul, fue hallado en el Caribe. En Papúa Nueva Guinea se halló un gueco abejorro rayado.

La mayoría de los lagartos tiene cuatro patas, cada una con cinco dedos y garras.

Los guecos son los únicos lagartos

Se lame los ojos

Este gueco no tiene párpados. ¡Y se limpia los ojos con la lengua!

Los camaleones tienen lenguas rectas y pegajosas.

La lengua

Los lagartos huelen con la lengua, que puede ser recta o bífida.

Lagartos sin patas

Muchos creen que el lución es una serpiente, pues no tiene patas. Pero tiene párpados y orificios para los oídos, que las serpientes no tienen.

Las iguanas tienen la lengua recta. La usan para palpar los objetos.

El varano de garganta blanca prueba el aire con su lengua bífida.

▶▶▶ **Aprende más** sobre camaleones en la pág. 43.

pogona ·······

Carnívoros

Casi todos los lagartos son carnívoros y tienen mandíbulas llenas de afilados dientes para atrapar a sus presas.

que emiten sonidos: algunos pían, ¡y hay uno que ladra!

Colección de lagartos

Los lagartos se comunican con su cuerpo. Algunos hacen movimientos para asustar a otros animales; o usan sus colores para atraerlos o alejarlos.

Calotes jerdoni

Eumeces schneideri

gueco leopardo

gueco de cola gorda

camaleón velado

dragón volador

eslizón arcoíris

basilisco verde

Cryptoblepharus egeriae

Uroplatus lineatus

dragón de Komodo

gueco palmeado

lagarto verde

anolis

gueco crestado

agama

lagarto cocodrilo

Eumeces laticeps

varano esmeralda

camaleón pantera

iguana verde

camaleón pantera

lagarto con chorreras

dragón volador

tiliqua

diablo espinoso

Xantusia henshawi

camaleón pigmeo

Lepidothyris fernandi

camaleón de Jackson

Nephrurus

monstruo de Gila

pogona

gueco Tokay

gueco diurno de Madagascar

41

Los astutos camaleones

Si quieres ver un lagarto bien raro, observa este lento camaleón de larguísima lengua y colores cambiantes.

camaleón pantera

La lengua pasa por encima del insecto para golpearlo con la punta abultada.

Ojos de espía

Los ojos del camaleón pueden moverse en distintas direcciones y mirar hacia atrás.

A diferencia de otros lagartos, el cuerpo de los camaleones es delgado y alto.

Se agarra a la rama con los dedos separados en dos grupos.

La cola se extiende y se enrosca en las ramas como otra extremidad.

El camaleón de Parson es uno de los más

Cambio de ánimo

Algunos camaleones cambian el color de su piel de acuerdo a su estado de ánimo, la luz o la temperatura.

Cambio de color

Los machos adquieren colores llamativos para atraer a las hembras. Si se enojan se ponen negros.

Descubrimiento

En 2012 se halló el camaleón más pequeño del mundo: el *Brookesia micra*.

Brookesia micra ·······

El camaleón puede desplegar la lengua en 1/16 segundos: el tiempo suficiente para atrapar a una mosca.

El camaleón de Jackson alcanza unas 10 pulgadas (25 cm) de largo.

Tres cuernos

El camaleón de Jackson macho tiene tres cuernos en la cabeza: parece un antiguo dinosaurio. A veces los usa para apartar de su camino a otros machos.

Qué lengua

Los camaleones se alimentan usualmente de insectos. No corren tras ellos: los atrapan sacando rápidamente su larga lengua pegajosa.

grandes. Llega a tener el tamaño de un conejo.

¡No me comas!

Los lagartos usan ingeniosos métodos para evitar que sus depredadores los devoren.

La cola le vuelve a crecer.

Dejar la cola para escapar

Si un depredador lo atrapa por la cola, el gueco la parte y escapa. La cola sigue moviéndose para distraer al depredador mientras él escapa.

Caminar sobre el agua

Los basiliscos pueden correr sobre la superficie del agua. Estudios recientes muestran que lo logran tropezando y levantándose constantemente.

Con su chorrera

El lagarto de chorrera sisea, se hincha y mueve su inmensa chorrera: luego sale corriendo sobre sus patas traseras.

Planeadores

Si se siente en peligro, el dragón volador despliega sus "alas" de piel con sus costillas móviles y planea hasta 25 pies (8 m) de distancia.

El gueco ladrador arquea la espalda y ladra como un perro si

Desaparición al instante

Muchos lagartos usan el camuflaje para confundirse con su entorno. Los colores de este gueco le permiten confundirse con la roca.

¡Mira mi lengua!

Cuando se siente en peligro, la tiliqua se yergue, sisea y saca su llamativa lengua azul.

¡Demasiado tarde!

Si el lagarto no es veloz o inteligente, termina siendo la cena de algún depredador.

lechuza comiéndose un lagarto

¡Cuidado!

El lagarto cornudo puede echar sangre por los ojos hasta 5 pies (1,5 m) de distancia para espantar a los depredadores.

se siente en peligro.

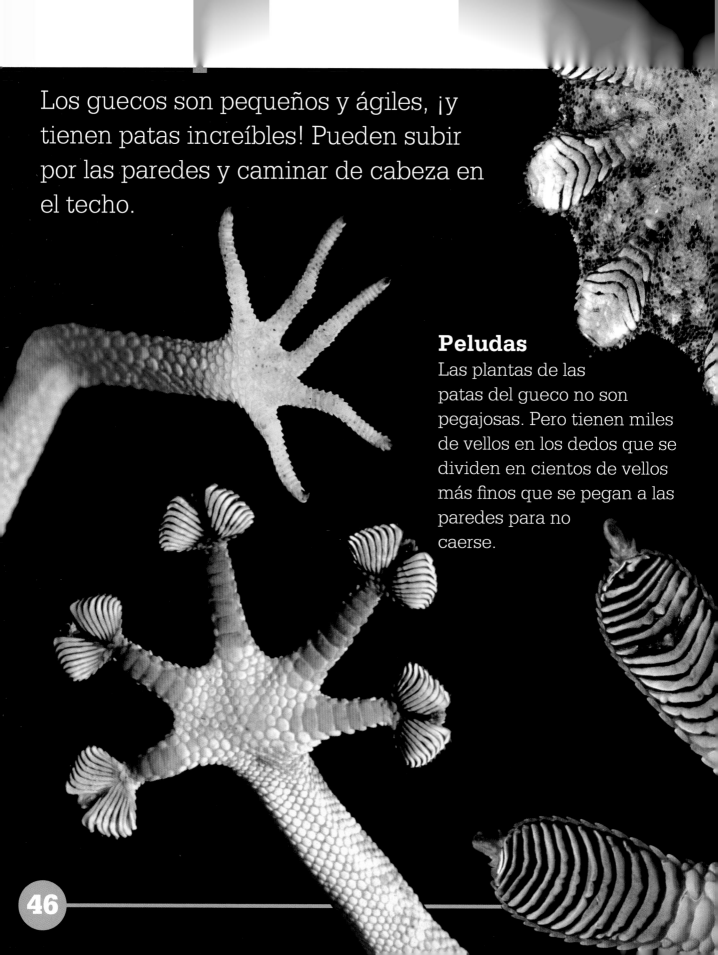

Los guecos son pequeños y ágiles, ¡y tienen patas increíbles! Pueden subir por las paredes y caminar de cabeza en el techo.

Peludas

Las plantas de las patas del gueco no son pegajosas. Pero tienen miles de vellos en los dedos que se dividen en cientos de vellos más finos que se pegan a las paredes para no caerse.

Los científicos descubrieron hace muy poco tiempo cómo se agarran los guecos a las paredes. ¡Ya hay compañías tratando de usar ese método para hacer pegamentos que no sean pegajosos!

Gigantes venenosos

En un pequeño grupo de islas de Indonesia vive un gigantesco lagarto venenoso: el dragón de Komodo.

Dragones vivientes

El dragón de Komodo es un varano inmenso que mide unos 8 pies (2,4 m) de largo. Tiene una cola larga y musculosa, y se come cualquier presa que encuentre, viva o muerta.

Siempre al acecho

La mordida

El dragón espera a que la presa, como este búfalo, pase cerca. Entonces se lanza sobre ella, la muerde e inocula su veneno.

El festín

El veneno se demora para hacer efecto. El dragón sigue a su presa hasta verla morir, y entonces la devora.

monstruo de Gila

lagarto moteado mexicano

¡No te acerques!

El monstruo de Gila y el lagarto moteado mexicano son otros dos lagartos venenosos. Se cree que usan el veneno para defenderse, no para cazar.

Tiene garras grandes y afiladas.

El dragón de Komodo detecta el olor de la presa con su lengua bífida.

Nidos de dragones

La hembra del dragón de Komodo hace una madriguera donde pone sus huevos. Cuida el nido hasta que nacen las crías seis meses después.

El veneno sale por los dientes del dragón cuando muerde a su presa.

Puede sentir el olor de un animal muerto a 7 millas (11 km).

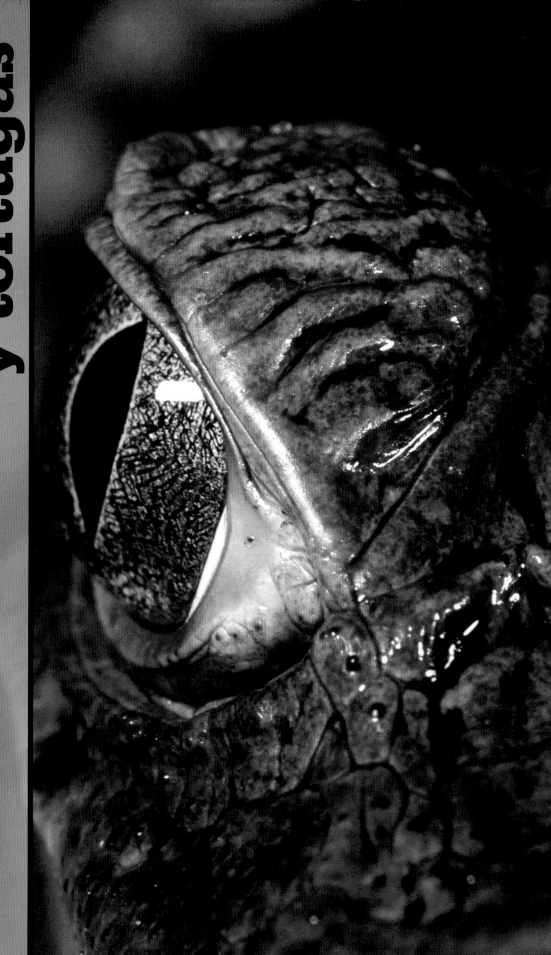

Crocodilios
y tortugas

Los crocodilios y las tortugas tienen las mordidas más terribles del mundo de los reptiles. La mordida de algunas tortugas es 10 veces más potente que la de un humano. La mordida de este caimán negro es 25 veces más poderosa que la nuestra.

Los crocodilios

caimán de
anteojos

cocodrilo
del Nilo

Los crocodilios, con sus
cuerpos musculosos, sus
dientes fieros y su potente
mordida, están entre los reptiles
más temidos del mundo.

DATOS
EL CROCODILIO MÁS GRANDE
El cocodrilo marino mide un promedio de 16 pies (5 m) de largo.

EL MÁS PEQUEÑO
El caimán de Cuvier, un tipo de aligátor de América del Sur, mide unos 4,3 pies (1,3 m) de largo.

A FLOR DE PIEL
Para honrar al cocodrilo, miembros de tribus de Nueva Guinea se hacen cortes en la piel para que esta se asemeje a la piel de un cocodrilo.

Una cola muy útil
Los crocodilios no tienen que comer cada día. Pueden comer el 23 por ciento del peso de su cuerpo de una vez, y guardan la grasa en sus inmensas colas.

No te sudes
Los crocodilios no sudan. Para refrescarse se echan en el suelo con la boca abierta.

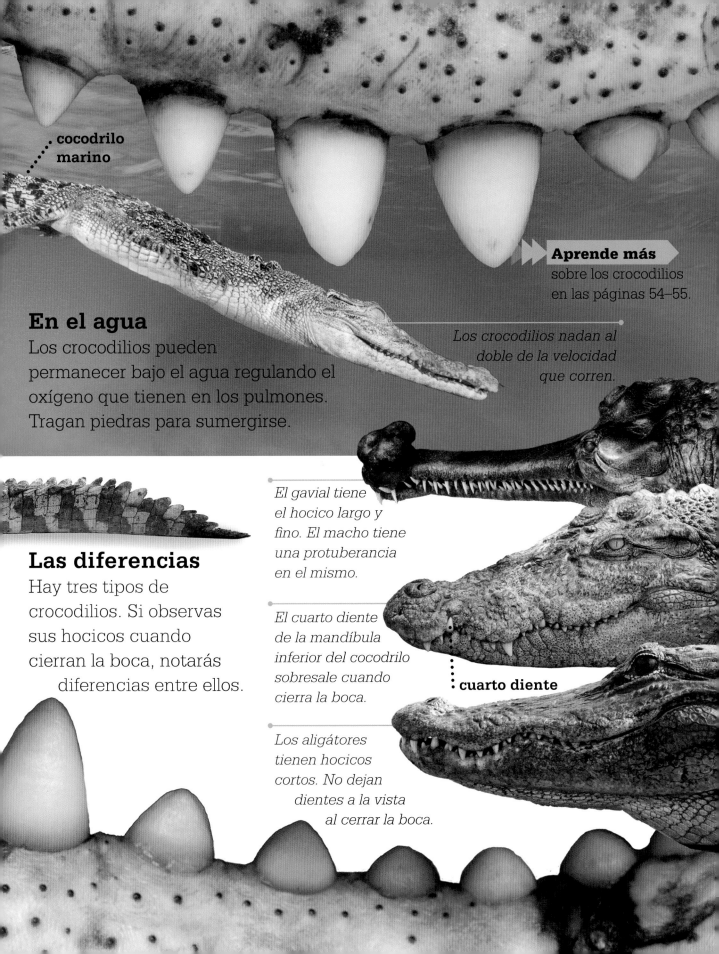

cocodrilo
marino

Aprende más
sobre los crocodilios
en las páginas 54–55.

En el agua

Los crocodilios pueden
permanecer bajo el agua regulando el
oxígeno que tienen en los pulmones.
Tragan piedras para sumergirse.

*Los crocodilios nadan al
doble de la velocidad
que corren.*

Las diferencias

Hay tres tipos de
crocodilios. Si observas
sus hocicos cuando
cierran la boca, notarás
diferencias entre ellos.

*El gavial tiene
el hocico largo y
fino. El macho tiene
una protuberancia
en el mismo.*

*El cuarto diente
de la mandíbula
inferior del cocodrilo
sobresale cuando
cierra la boca.*

cuarto diente

*Los aligátores
tienen hocicos
cortos. No dejan
dientes a la vista
al cerrar la boca.*

Supercráneo

El cráneo de los crocodilios está diseñado para matar. El cocodrilo marino tiene la mordida más potente del reino animal.

Las mandíbulas de los crocodilios se cierran con mucha fuerza, pero los músculos que las abren son relativamente débiles.

Las mandíbulas son muy sensibles a los más mínimos movimientos, lo que permite al animal detectar sus presas.

Dientes terribles

El largo hocico está lleno de afilados dientes. A veces se le caen dientes al atrapar sus presas, pero luego le salen otros. ¡Un crocodilio puede tener miles de dientes durante su vida!

Los dientes tienen raíces huecas donde crecen dientes de reemplazo.

Los crocodilios cierran las fosas nasales y los oídos

oído

ojo

fosa nasal

Cabeza de cazador

Las fosas nasales, los ojos y los oídos están en la parte superior del cráneo. Los crocodilios pueden tener el cuerpo bajo el agua y seguir vigilando a su presa en tierra.

cocodrilo americano

Cola dura

El hueso duro de la base de las escamas les sirve de protección.

El cráneo plano de los crocodilios les permite avanzar en el agua más rápido.

cuando están bajo el agua.

¡Cuidado con el aligátor!

En los pantanos de los Everglades, en Florida, vive el depredador más grande de Estados Unidos: el aligátor americano.

Grupos de aligátores

Los aligátores no viven en manadas ni se ayudan unos a otros. Pero a veces se ven grandes grupos, sobre todo en zonas de alimentación o en la estación de reproducción.

Son veloces

Los aligátores son más pequeños que los cocodrilos, pero muy veloces. Pueden correr tramos cortos a 10 mph (16 kph).

En 2012 hallaron en la Florida una pitón de Birmania de 17 pies (5 m) de largo con 87 huevos en el interior de su cuerpo.

pitón de Birmania

Grandes serpientes

En la década de 1980 algunas personas soltaron sus pitones en los Everglades por ser demasiado grandes. Ahora son un problema. Atacan a otros animales de la zona, incluso a los aligátores.

Una gran mordida

En pruebas hechas por científicos, se demostró que el aligátor americano tiene una de las mordidas más potentes del mundo.

La casa del aligátor

1 Trabajo duro

Los aligátores hacen sus propias charcas para la estación seca. Hacen huecos en el suelo con la boca y las garras.

2 Lago privado

La lluvia llena de agua el hoyo y, cuando llega la estación seca, el aligátor tiene su propia charca privada.

3 Presa fácil

A veces otros animales vienen a beber el agua de la charca y el aligátor los atrapa y los devora.

Nidos de aligátores

La mayoría de los reptiles abandona sus huevos. Sin embargo, los feroces crocodilios, como este aligátor americano, son muy buenas madres.

Apareamiento

En la primavera los aligátores americanos se reúnen para aparearse. Los machos chapotean en el agua y emiten vibraciones para atraer a las hembras.

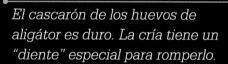

El cascarón de los huevos de aligátor es duro. La cría tiene un "diente" especial para romperlo.

Cuidar el nido

El nido

La hembra de aligátor hace un nido apilando ramas y lodo.

El cuidado

La madre no se echa sobre los huevos, pero sí cuida el nido.

Las crías

Las crías chillan cuando van a salir del cascarón, y la madre saca los huevos.

La tortuga de vientre rojo de la Florida a veces pone sus

Crías de aligátor

La madre hace rodar los huevos sobre su hocico para que se abran. Luego lleva las crías a una charca, donde comienzan a nadar por instinto.

Las crías de aligátor tienen rayas que les sirven de camuflaje.

La crianza

La madre cuida a las crías por un año. Si se sienten en peligro, las crías llaman a la madre.

huevos en nidos de aligátores, ¡pues sabe que los van a cuidar!

La caza

Los crocodilios cazan en la tierra y en el agua, y se comen cualquier animal que pase cerca de ellos.

cocodrilo marino

Cocodrilo marino

El cocodrilo marino, que es el más grande del mundo, vive en lagos, ríos y mares. Caza peces y tortugas. ¡Incluso puede atacar a un gran tiburón blanco!

Cuando el cocodrilo abre la boca bajo el agua para atacar a su víctima, cierra una válvula que tiene en la garganta para que no pase el agua.

¡Este cocodrilo nada tres veces más rápido que un

Cocodrilo del Nilo Un gran depredador

1 El abrevadero

Los cocodrilos del Nilo esperan en ríos y lagos a que los antílopes y los jabalíes verrugosos vayan a beber para atacarlos.

2 ¡Al ataque!

El cocodrilo atrapa a la presa entre sus dientes. Cuando pierde un diente, le sale otro de reemplazo.

3 El final

El cocodrilo ahoga a su presa. Luego le arranca la carne, que traga en pedazos enteros.

Bajo el agua

Cuando el cocodrilo atrapa una presa grande, a veces la mete bajo el agua para que muera ahogada.

Sin masticar

El cocodrilo no mastica, ¡aunque tiene muchos dientes! Mueve la carne hacia la base de la boca, abre la garganta y se la traga entera.

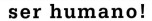

ser humano!

Las tortugas

Las tortugas son fáciles de identificar: ¡llevan la casa a cuestas! Hay tortugas terrestres, tortugas que viven en agua dulce y tortugas que viven en el mar.

Una vida acuosa

Las tortugas de mar y de agua dulce deben salir a la superficie a respirar. Las hembras ponen sus huevos en tierra.

tortuga de orejas rojas

DATOS

LA MÁS GRANDE

La tortuga laúd pesa tanto como tres leones adultos: ¡es inmensa!

LA MÁS PEQUEÑA

La tortuga manchada cabe fácilmente en la mano de un niño.

LA MÁS ANTIGUA

Las primeras tortugas vivieron hace 200 millones de años.

El caparazón es de hueso cubierto por escamas fundidas.

En todas las regiones del mundo, excepto en la

La tortuga caimán

Esta es la tortuga de agua dulce más grande del mundo. Puede llegar a medir 32 pulgadas (81 cm).

Tiene un apéndice rosado en la lengua que parece un gusano para atraer a sus presas.

▶▶ **Aprende más** sobre las tortugas marinas en las págs. 68–69.

El caparazón la protege de los golpes y de los depredadores.

tortuga leopardo

Las patas

Las tortugas terrestres tienen protuberancias en las plantas de las patas para caminar en la tierra. Las que viven en el agua tienen dedos anchos que están unidos como si fueran aletas.

aleta de tortuga marina

pata de tortuga terrestre

pata de tortuga

Las tortugas no tienen dientes, sino duros picos para morder y desgarrar la carne.

Los huevos

Todas las tortugas ponen sus huevos en la tierra. Los entierran y se van; las crías se valen por sí mismas desde que salen del huevo.

Antártida, hay tortugas.

Bajo el caparazón

El caparazón de la tortuga actúa como una coraza que protege el interior del cuerpo.

Para meter la cabeza en el caparazón, la tortuga debe soltar el aire que tiene en los pulmones. ¡Pero puede aguantar la respiración por mucho tiempo!

Sus partes

El caparazón tiene dos partes: el espaldar (arriba) y el peto (abajo). Están unidas a los lados, con agujeros para la cabeza, la cola y las patas.

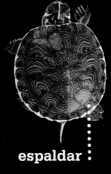

espaldar

peto

La tortuga mueve la cabeza y las patas al respirar. Eso la ayuda a inspirar el aire.

estómago

corazón

El cuerpo

La tortuga nace con un caparazón blando que se endurece y crece hasta la edad adulta. Todos los órganos están dentro del caparazón. Algunas tortugas pueden meter la cabeza en el caparazón.

El corazón bombea sangre a todo el cuerpo. La sangre pasa cerca del caparazón para calentarlo.

Algunas tortugas cierran el agujero de la cabeza cuando

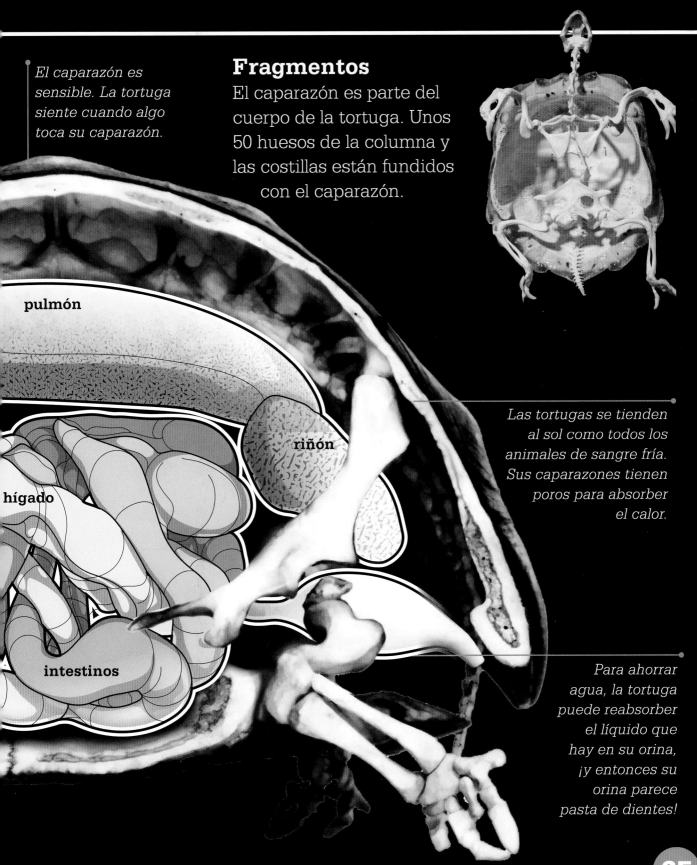

El caparazón es sensible. La tortuga siente cuando algo toca su caparazón.

Fragmentos

El caparazón es parte del cuerpo de la tortuga. Unos 50 huesos de la columna y las costillas están fundidos con el caparazón.

pulmón

riñón

hígado

intestinos

Las tortugas se tienden al sol como todos los animales de sangre fría. Sus caparazones tienen poros para absorber el calor.

Para ahorrar agua, la tortuga puede reabsorber el líquido que hay en su orina, ¡y entonces su orina parece pasta de dientes!

ocultan todas sus partes en el caparazón.

Colección de tortugas

El caparazón de cada tortuga refleja su vida. Si es alto, la protege de los depredadores; si es plano, la ayuda a avanzar en el agua.

tortuga verde

tortuga almizclada

tortuga de caparazón blando de la Florida

galápago de Maracaibo

Pelusios subniger

tortuga de la Florida

tortuga de espolones africana

tortuga estrellada de la India

tortuga espalda de diamante

tortuga gigante de las Galápagos

tortuga pintada

tortuga de orejas amarillas

tortuga de las rocas

tortuga moteada

tortuga de caja del sureste asiático

tortuga de orejas amarillas

tortuga mediterránea

matamata

tortuga golfina

tortuga leopardo

tortuga mapa

tortuga gigante de Aldabra

tortuga de Blanding

terecay

tortuga del desierto

tortuga pintada

tortuga mapa de Barbour

tortuga caimán

tortuga de caja

tortuga espalda de diamante

Las tortugas marinas

Hay siete especies de tortugas marinas. Viven en todas partes del mundo, en todos los océanos excepto el Ártico.

tortuga verde

tortuga plana

Siete en peligro

Todas las tortugas marinas están en peligro. Uno de los mayores peligros es que queden atrapadas en las redes de pesca.

El gigante veloz

La tortuga laúd pesa tanto como una vaca, ¡pero es muy veloz! Nada a 15 mph (24 kph), ¡tan rápido como un delfín!

tortuga laúd

Las tortugas marinas lloran lágrimas muy saladas. Así eliminan la sal que toman con el agua de mar.

tortuga carey

tortuga golfina

tortuga laúd

tortuga olivácea

caguama

Estación de lavado

La tortuga verde visita "estaciones de lavado" donde los peces le limpian el caparazón. Así se mantiene más saludable y puede nadar mejor. ¡Y los peces comen gratis!

tortuga verde

La tortuga verde puede aguantar la respiración... ¡por cinco horas!

Hay peces que se comen las algas y los parásitos que se adhieren al caparazón de las tortugas.

Las aletas

Las patas de las tortugas marinas tienen forma de aleta, lo que les permite nadar bien y arrastrarse cuando están en tierra.

▶▶ **Aprende más**
sobre crías de tortuga en las dos páginas siguientes.

69

les encanta comer medusas, algas, caracoles y esponjas.

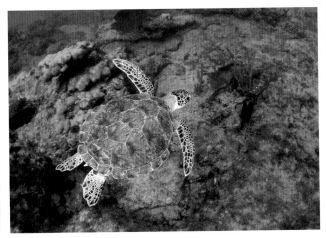

1 El inicio del viaje

Las caguamas pasan la vida en el mar. Pero cada dos o tres años, tras aparearse, las hembras regresan a la playa donde nacieron a poner huevos.

2 De regreso a la playa

Las hembras a veces viajan miles de millas en busca de la playa que las vio nacer. Nadie sabe cómo hallan el camino.

5 De regreso al mar

Las tortugas cubren los huevos con arena. Así quedan protegidos hasta que salen las crías. Después regresan al mar, dejando sus huellas en la arena.

6 Las crías

Tras unos 60 días, las crías rompen el cascarón y salen del hoyo. Esperan bajo la superficie de la arena hasta que llega la noche.

Muchas crías de tortuga no logran llegar a la adultez a causa

caguama

3 Buscar un buen lugar

Cuando llegan a la orilla, usan las aletas delanteras para caminar sobre la arena, y con las traseras abren un hoyo para los huevos.

4 Poner los huevos

Luego se posicionan de manera que los huevos caigan suavemente en el hoyo. Pueden poner hasta cuatro veces por estación.

7 Hacia el mar

Cuando oscurece, las crías salen a la superficie y corren sobre la arena en dirección al mar, dirigiéndose hacia el horizonte.

8 ¡Cuidado!

El viaje del nido al mar es peligroso: las crías son perseguidas por depredadores como los cangrejos, sobre todo si no llegan al agua antes del amanecer.

de los depredadores y de los humanos que roban los huevos.

¡Salven a las tortugas!

En los últimos 50 años ha disminuido la población de tortugas marinas debido sobre todo a la construcción y el turismo en las playas.

La tortuga laúd

Una de las especies de tortuga marina en mayor peligro es la tortuga laúd. En 1982 había unas 115.000 hembras adultas en todo el mundo. En 1996 había solo unas 20.000. Y muy pronto podrían desaparecer para siempre.

¿Cómo

LAS LUCES

Cuando las crías rompen el cascarón, van hacia la luz del horizonte, que está en el mar. Las luces de los edificios las confunden.

Los ecologistas etiquetan las tortugas para estudiar su movimiento. El viaje más largo comprobado ha sido el de una tortuga laúd que recorrió 12.774 millas (20.558 km) de Indonesia hasta la playa donde nació en Oregón.

tortuga laúd

El 25 por ciento de los cocodrilos del mundo está en

ponemos en peligro a las tortugas?

LA PESCA LA CAZA ILEGAL LA CONTAMINACIÓN

Las tortugas marinas confunden las bolsas plásticas con medusas. Al tratar de comérselas, se asfixian y mueren.

¿Ves la diferencia?

Cientos de tortugas marinas quedan atrapadas en las redes de pesca y se ahogan porque no pueden salir a la superficie a respirar.

Hay gente que roba huevos de tortuga marina para venderlos. Los huevos son fáciles de robar: las tortugas los dejan abandonados en la arena.

¿Medusa . . .   o bolsa plástica?

¿Cómo puedes ayudar?

BUSCA

Organizaciones ecológicas como Sea Turtle Conservancy tratan de proteger las tortugas en todo el mundo. Organizan a voluntarios que deseen ayudar; por ejemplo, algunos vigilan las playas para proteger los huevos de tortuga. Visita su sitio web.

NO COMPRES

No compres productos hechos con piel de reptiles a no ser que sepas que son de un proveedor legal y confiable.

bota de piel de serpiente

peligro también. Los matan por su piel.

Entrevista con un

Nombre: Steve Backshall
Profesión: Explorador, escritor y animador de un programa de TV

P **¿Te gustan los reptiles desde que eras niño?**

R Estaba obsesionado con ellos. Desde que tenía dos o tres años atrapaba lagartos cuando íbamos de vacaciones, buscaba culebras de collar en el estiércol y trataba de aprenderlo todo sobre las mambas y anacondas.

P **¿Qué es lo que más te gusta de ser explorador?**

R Cada día es diferente. Puedo estar en mi tienda en los Himalayas, la selva o el desierto... ¡aunque en el desierto no duermo en ninguna tienda!

dragón de Komodo

P **¿Cuál es el mejor lugar para ver reptiles?**

R En la península de California, en México, hallé cuatro especies de cascabel en una noche. Pero si se trata de cantidad, el mejor lugar es la costa del Pacífico de Costa Rica cuando las tortugas oliváceas se reúnen para poner sus huevos.

P **¿Cuál es el reptil más raro que has visto?**

R Probablemente la serpiente trompa de elefante, que vive en los mangles del Asia tropical. Tiene una piel fláccida que parece que le queda grande.

¡Nunca toques a una serpiente si no estás seguro de que no

explorador de la fauna

P **Mucha gente teme a las serpientes. ¿Son reptiles incomprendidos?**

R Así es. Solo quienes trabajan en el campo sin zapatos y no tienen un hospital adonde ir corren peligro. Pero es cierto que las serpientes venenosas son muy peligrosas, ¡no las toquen!

P **¿Nunca siente miedo de los reptiles?**

R Sí, pero es importante no demostrarlo: los animales lo sienten, y a ti te puede hacer cometer errores. Uno aprende a mantener la calma y a saber cuándo es hora de alejarse a toda velocidad del peligro.

P **¿Qué te parece más peligroso, molestar a una cobra real o a un dragón de Komodo?**

R Trataría de no molestar a ninguno de los dos. Una vez atrapé una cobra real de 13 pies (4 m) de largo, ¡era increíble! Y he visto dragones de Komodo pasar de ser estatuas a depredadores en un segundo.

P **¿Te ha atacado algún reptil?**

R He recibido algunos arañazos. La única mordida grave fue de un caimán de anteojos. Me pusieron diez puntos en la pierna, ¡pero al otro día seguí explorando!

P **Si pudieras ser un reptil, ¿qué especie elegirías ser?**

R ¡Qué difícil! Quizás una tortuga laúd. Tienen un mecanismo especial que les permite mantenerse siempre en movimiento. Y con una dieta de medusas. . . ¡qué rico!

..... cobra real

es peligrosa!

Glosario

acechar
Vigilar a una presa y luego atacarla por sorpresa. Los reptiles se esconden en guaridas y esperan a que pase la presa para atacarla.

amenazada
Especie en peligro de extinción a causa de la actividad humana.

animal de sangre caliente
Animal que puede regular la temperatura de su cuerpo. Los seres humanos somos animales de sangre caliente.

animal de sangre fría
Animal que no puede regular la temperatura de su cuerpo. Los reptiles tienen sangre fría y necesitan la luz del sol para calentarse.

antídoto
Sustancia que contrarresta los efectos de un veneno. Una inyección de antídoto le puede salvar la vida a quien haya sido mordido por una serpiente venenosa.

camuflaje
Coloración natural que ayuda a los animales a confundirse con su entorno.

carnívoro
Animal o planta que se alimenta de carne.

colmillos plegables
Colmillos que se mantienen pegados al cielo de la boca de la serpiente y que se despliegan cuando esta ataca. Son huecos para que el veneno pase por su interior.

colúbrido
Tipo de serpiente, como las de jarretera, usualmente no venenosa.

constrictora
Tipo de serpiente que mata a sus víctimas oprimiéndolas hasta asfixiarlas.

crocodilios
Orden de los reptiles. Incluye a los cocodrilos, los aligátores y los gaviales. Son animales grandes de mandíbulas y colas muy largas.

depredador
Animal que caza y devora a otros animales.

elápidos
Serpientes venenosas de colmillos fijos, como la mamba.

escama
Cada una de las pequeñas placas protectoras que cubre la piel de los reptiles.

espaldar
Parte superior del caparazón de la tortuga que le cubre la espalda.

hábitat
El lugar, o el tipo de lugar, donde un animal usualmente vive.

hibernar
Pasar el invierno en un profundo sueño o en un estado semejante al sueño.

madriguera
Hoyo en la tierra que un animal hace o usa como refugio.

órgano de Jacobson
Órgano que tiene la serpiente entre la nariz y la boca y con el que detecta compuestos químicos.

peto
Mitad inferior del caparazón de la tortuga que cubre su estómago.

presa
Animal que es cazado y devorado por otro animal.

La serpiente del maíz mide unas 5 pulgadas (13 cm) de largo al nacer, pero de adulta llega a alcanzar 6 pies (1,8 m) de largo.

queratina
Material flexible que forma las uñas y las escamas de las serpientes.

tortuga
Orden de los reptiles. Incluye a las tortugas marinas, las terrestres y las tortugas que pueden vivir tanto en la tierra como en el mar.

veneno
Ponzoña que usa un animal para matar a su presa. A las serpientes se les puede extraer el veneno para hacer investigaciones.

vértebra
Cada uno de los segmentos de hueso que componen la columna vertebral de un animal.

víbora
Tipo de serpiente venenosa que tiene colmillos plegables, como las serpientes de cascabel.

Índice

*La tortuga
Mauremys
sinensis vive
en charcas,
pantanos y ríos de
China y Vietnam.*

Agradecimientos

Créditos fotográficos

1: Masa Ushioda/age fotostock/SuperStock; 2–3 (background), 2tr: iStockphoto; 3tr: Trevor Kelly/Shutterstock; 4–5 (teeth): Eric Isselée/Shutterstock; 4–5 (crocodile in water): Reinhard Dirscherl/Visuals Unlimited, Inc.; 5b: Digital Zoo/Media Bakery; 6–7: Isak Pretorius; 8–9 (background): iStockphoto; 8–9 (chameleon on branch): Chris Doyle/Dreamstime; 8cl: iStockphoto; 8bl: Frans Lanting/Media Bakery; 8bc, 8br: iStockphoto; 9 (scales): Isselee/Dreamstime; 9b: Chawalit Chanpaiboon/Shutterstock; 10–11: Andy Rouse/Getty Images; 10clt: Hugoht/Dreamstime; 10clb: Kevin Schafer/Media Bakery; 10bl: iStockphoto; 11tc: Lorraine Swanson/Dreamstime; 11 (single garter snake): Melinda Fawver/Dreamstime; 11cr: Oscar Dominguez/Alamy; 11br: Arvin C. Diesmos/Associated Press; 12bl: Danihernanz/Getty Images; 12tr: Eric Isselée/Dreamstime; 13 (tail): iStockphoto; 13tl: Isselee/Dreamstime; 13tc: iStockphoto; 13tr: Noam Armonn/Shutterstock; 13bl: iStockphoto; 13br: John Cancalosi/Alamy; 14–15: Solvin Zankl/Visuals Unlimited, Inc.; 16tl: Thinkstock; 16cm: Kevin Walsh/Wikimedia Commons; 16cr: iStockphoto; 16bl: Matt Jeppson/Shutterstock; 16bc: Tjkphotography/Dreamstime; 16br: Trevor Kelly/Shutterstock; 17tl: Ameng Wu/Shutterstock; 17tc: blickwinkel/Alamy; 17tr: Bianca Lavies/National Geographic Stock; 17b: Tjkphotography/Dreamstime; 18 (reticulated python, Komodo dragon): iStockphoto; 18 (Nile crocodile): Eric Isselee/Shutterstock; 18–19: Raul Martin/National Geographic Stock; 20–21 (background, all frames): Ivaylo Ivanov/Shutterstock; 20cl, 20tr: iStockphoto; 20bl: Juniors Bildarchiv/age fotostock; 20bc: Michel Gunther/Science Source; 20–21b: Reinhard Dirscherl/Visuals Unlimited, Inc.; 21tl: Daexto/Dreamstime; 21tr: Bernd Zoller/age fotostock; 21cm: Joe McDonald/Media Bakery; 21cr: Alejandro Sánchez/Wikimedia Commons; 21br: Cathy Keifer/Dreamstime; 22–23: Photoshot Holdings Ltd/Alamy; 24tl: Kendall McMinimy/Getty Images; 24tr: Eric Isselee/Shutterstock; 24–25 (background): iStockphoto; 24–25 (rattlesnake): Martin Harvey/Getty Images; 25tl: iStockphoto; 25tc: Isselee/Dreamstime; 25tr: Eric Isselee/Shutterstock; 26–27t, 26–27b: Isselee/Dreamstime; 27tr, 27br: Mike Garland; 28 (emerald tree boa): Johnbell/Dreamstime; 28 (leopard snake): Michel Gunther/Science Source; 28 (blue coral snake): Chris Mattison/Alamy; 28 (death adder): Gerry Pearce/Alamy; 28 (rainbow boa, carpet python): Amwu/Dreamstime; 28 (brown vine snake): Jack Goldfarb/Media Bakery; 28 (desert horned viper l): blickwinkel/Alamy; 28 (desert horned viper r): Isselee/Dreamstime; 28 (Texas blind snake): Larry Miller/Science Source; 28 (rosy boa): Amwu/Dreamstime; 28 (European grass snake): iStockphoto; 28 (Burmese python): Mikeaubry/Dreamstime; 28 (basilisk rattlesnake): Bernhard Richter/Dreamstime; 28 (eastern king snake): Isselee/Dreamstime; 28 (green vine snake): Geoff Gallice/Wikimedia Commons; 28 (long-nosed tree snake): Fletcher & Baylis/Science Source; 28 (gray-banded king snake): Erllre/Dreamstime; 29 (Pueblan milk snake): Eric Isselee/Shutterstock; 29 (Colorado desert sidewinder): Kcmatt/Dreamstime; 29 (leaf-nosed snake): Alextelford/Wikimedia Commons; 29 (green tree python, Amazon tree boa): Amwu/Dreamstime; 29 (golden flying snake): Sedthachai/Dreamstime; 29 (corn snake, eyelash viper): Isselee/Dreamstime; 29 (saw-scaled viper): Speciestime/Dreamstime; 29 (boa constrictor, snow king snake): Eric Isselee/Shutterstock; 29 (king cobra): Thinkstock; 29 (Gaboon viper): Isselee/Dreamstime; 29 (European adder): Colin Varndell/Photo Researchers, Inc.; 29 (southern copperhead): Isselee/Dreamstime; 29 (green mamba): Mgkuijpers/Dreamstime; 30 (leaves): Lim Yong Hian/Shutterstock; 30 (black mamba): Thinkstock; 30 (young green tree python): fivespots/Shutterstock; 30–31 (background): Christopher Meder/Shutterstock; 30 (golden flying snake): Fletcher & Baylis/Science Source; 30 (flying snakes): Tim Laman/National Geographic Stock; 30 (tree snakes): Svenler/Dreamstime; 31 (ground snakes): Mgkuijpers/Dreamstime; 31 (desert snakes): Bevanward/Dreamstime; 31 (burrowers): Michael & Patricia Fogden/Minden Pictures; 31 (sea snakes): Paul Cowell/Shutterstock; 31 (sidewinder): fivespots/Shutterstock; 31 (rock): Thinkstock; 32t: Steve Bronstein/Getty Images; 32bl: Karl H. Switak/Science Source; 32bc: Heiko Kiera/Shutterstock; 32br: Tom McHugh/Science Source; 33t: Yuri Arcurs/Shutterstock; 33 (ant): iStockphoto; 33bl: Francesco Tomasinelli/Science Source; 33br, 34tl: Joe McDonald/Visuals Unlimited Inc.; 34bl: John Foxx/Thinkstock; 34–35: Digital Vision/Thinkstock; 35tr: Eric Isselee/Shutterstock; 35cl: David Davis/Dreamstime; 35cm: Erllre/Dreamstime; 35cr: Johnbell/Dreamstime; 35br: Heiko Kiera/Shutterstock; 36–37 (background): Mahesh Patil/Shutterstock; 36 (#10): Ryan M. Bolton/Shutterstock; 36 (#8): Dr. Morley Read/Shutterstock; 36 (#4): Tad Arensmeier/Wikimedia Commons; 36 (#1): Andreas Viklund/www.animaldanger.com/Wikimedia Commons; 36–37 (#6): Matthew Cole/Shutterstock; 37 (#7): Mikhail Blajenov/Dreamstime; 37 (#3): Sylvie Lebchek/Shutterstock; 37 (#5): Andre Dobroskok/Shutterstock; 37 (#2): ANT Photo Library/Science Source; 37 (#9): Brooke Whatnall/Dreamstime; 38tl: Philippe Psaila/Science Source; 38tr: Isselee/Dreamstime; 38–39: fivespots/Shutterstock; 39tl: Thinkstock; 39trt: Cathy Keifer/Dreamstime; 39trc: Robert Eastman/Shutterstock; 39trb: Dannyphoto80/Dreamstime; 39c: John Devries/Science Source; 39br: iStockphoto; 40 (Indo-Chinese forest lizard): Bidouze Stéphane/Dreamstime; 40 (Schneider's skink): Mikeaubry/Dreamstime; 40 (green basilisk): JMiks/Shutterstock; 40 (leopard gecko): Branislav Senic/Dreamstime; 40 (veiled chameleon): Lukas Blazek/Dreamstime; 40 (fat-tailed gecko): Amwu/Dreamstime; 40 (flying dragon): Stephen Dalton/Science Source; 40 (blue-tailed skink): Mgkuijpers/Dreamstime; 40 (closed-litter rainbow skink): Jason P Ross/Dreamstime; 40 (lined leaf-tailed gecko): Amwu/Dreamstime; 40 (Komodo dragon): Rico Leffanta/Dreamstime; 40 (green anole): SSilver/Fotolia; 40 (crested gecko): Amwu/Dreamstime; 40 (web-footed gecko): Bevanward/Dreamstime; 40 (European green lizard): Alslutsky/Dreamstime; 40 (Chinese crocodile lizard): Joseph T. & Suzanne L. Collins/Science Source; 40 (agama lizard): Carolyne Pehora/Dreamstime; 40 (broad-headed skink): Melinda Fawver/Dreamstime; 41 (panther chameleon t): Isselee/Dreamstime; 41 (green iguana): Maria Suris/Dreamstime; 41 (emerald monitor): Flame/Alamy; 41 (branch t): John Brueske/Dreamstime; 41 (frilled lizard): Isselee/Dreamstime; 41 (flying dragon): Tom McHugh/Science Source; 41 (blue-tongued skink): Amwu/Dreamstime; 41 (thorny devil): Nick Rains/Alamy; 41 (granite night lizard): Suzanne L. Collins/Science Source; 41 (panther chameleon r): fivespots/Shutterstock; 41 (Jackson's chameleon): Amwu/Dreamstime; 41 (pygmy chameleon): Brandon Alms/Dreamstime; 41 (fire skink, midline knob-tail, Gila monster): Amwu/Dreamstime; 41 (bearded dragon): Alex Bramwell/Dreamstime; 41 (tokay gecko): Timhesterphotography/Dreamstime; 41 (Madagascar day gecko): Eastmanphoto/Dreamstime; 42: Chris Mattison; 42–43 (background and br): Dimitri Vervitsiotis/Media Bakery; 43tl, 43tc: Kasza/Shutterstock; 43tr: Thorsten Negro/Media Bakery; 43cr: iStockphoto; 44tl: Joel Sartore/National Geographic Stock; 44tr: Stephen Dalton/Science Source; 44bl: Doug Plummer/Media Bakery; 44br: Stephen Dalton/Science Source; 45tl: Thinkstock; 45tr: PeterWaters/Dreamstime; 45 (tongue): ladyfoto/Shutterstock; 45bl: USFWS Mountain Prairie; 45br: Claus Meyer/Minden Pictures/Corbis; 46–47 (all): Paul D. Stewart/Science Source; 48tl: Erwin Tecqmenne/Alamy; 48tc: Fletcher & Baylis/Science Source; 48cl: Isselee/Dreamstime; 48bl: fivespots/Shutterstock; 48–49: Pius Lee/Dreamstime; 49t: Tui De Roy/National Geographic Stock/Minden Pictures; 50–51: Thomas Marent; 52–53 (teeth): Eric Isselée/Shutterstock; 52–53 (crocodile in water): Reinhard Dirscherl/Visuals Unlimited, Inc.; 52cl: Eric Isselee/Shutterstock; 52cr: John Kasawa/Shutterstock; 52b: Biophoto Associates/Science Source; 53brt: Asim Bharwani/Wikimedia Commons; 53brc: iStockphoto; 53brb: Thinkstock; 54–55c: Joe McDonald/Visuals Unlimited, Inc.; 55tr: Brenton West/Alamy; 55br: ichbintai/Shutterstock; 56tl: Tony Campbell/Dreamstime; 56tr: Thinkstock; 56cl: Dan Callister/Alamy; 56bl: Dannyphoto80/Dreamstime; 56–57b: Masa Ushioda/age fotostock/SuperStock; 57 (alligator t): Isselee/Dreamstime; 57tl: Jupiterimages/Thinkstock; 57tc: Tony Campbell/Shutterstock; 57tr: UgputuLf SS/Shutterstock; 58t, 58c: iStockphoto; 58bl: James P. Rod/Science Source; 58bc: Robert C. Hermes/Science Source; 58br: Heiko Kiera/Shutterstock; 58–59b: iStockphoto; 59t: C.C. Lockwood/Animals Animals; 59br: Rick Poley/Visuals Unlimited, Inc.; 60–61: Hali Sowle/Getty Images; 61 (Nile crocodile t): Trevor Kelly/Shutterstock; 61tl: Naypong/Shutterstock; 61tc: Dr. P. Marazzi/Science Source; 61tr: Victoria Stone & Mark Deeble/Getty Images; 61cr: Libby Withnall; 61b: Johan Swanepoel/Shutterstock; 62tl, 62cl: iStockphoto; 62–63: Nico Smit/Dreamstime; 63tc: Ryan M. Bolton/Shutterstock; 63rct: Richard Carey/Dreamstime; 63rcm: Jon Stokes/Science Source; 63rcb: Amazon-Images/Alamy; 63br: iStockphoto; 64 (carapace): Shiffti/Dreamstime; 64 (plastron): Ruben Caseiro/Dreamstime; 64–65 (turtle photo): Colin Keates/Getty Images; 64–65 (turtle interior): Mike Garland; 65tr: Steve Vidler/Alamy; 66 (Florida softshell turtle): SuperStock/age fotostock; 66 (Maracaibo wood turtle, stinkpot turtle): fivespots/Shutterstock; 66 (green turtle): Idreamphotos/Dreamstime; 66 (diamondback terrapin): Stephen Bonk/Shutterstock; 66 (African spurred tortoise): iStockphoto; 66 (East African black mud turtle): Eric Isselee/Shutterstock; 66 (gopher tortoise, Indian star tortoise): iStockphoto; 66 (Galápagos giant tortoise): Mikhail Blajenov/Dreamstime; 66 (painted turtle): Jason P Ross/Dreamstime; 66 (yellow-bellied slider): iStockphoto; 66 (pancake tortoise): fivespots/Shutterstock; 66 (spotted turtle, matamata): Joe Blossom/Alamy; 67 (Southeast Asian box turtle): Faizzaki/Dreamstime; 67 (yellow-bellied slider): Birute Vijeikiene/Dreamstime; 67 (olive ridley turtle): Jean2399/Dreamstime; 67 (Hermann's tortoise): INSADCO Photography/Alamy; 67 (leopard tortoise): NatalieJean/Shutterstock; 67 (Aldabra giant tortoise): iStockphoto; 67 (black-knobbed map turtle): Amwu/Dreamstime; 67 (yellow-spotted Amazon river turtle): Sinclair Stammers/Science Source; 67 (southern painted turtle): Michel Gunther/Science Source; 67 (Blanding's turtle): Dennis Donohue/Dreamstime; 67 (Californian desert tortoise): iStockphoto; 67 (Barbour's map turtle): Amwu/Dreamstime; 67 (box turtle): iStockphoto; 67 (diamondback terrapin): Brian Kushner/Dreamstime; 67 (alligator snapping turtle): Faizzaki/Dreamstime; 68l: Scubazoo/Alamy; 68–69 (background and turtle b): idreamphoto/Fotolia; 68tc: iStockphoto; 68tr: William D. Bachman/Science Source; 69tl: Thinkstock; 69tcl: National Park Service/Wikimedia Commons; 69tcm: torsten kuenzlen/Dreamstime; 69tcr: Jason Isley/Scubazoo/Getty Images; 69tr: Michael Ireland/Fotolia; 69c: Tim Davis/Media Bakery; 70tl: Dekanaryas/Shutterstock; 70tr: Michael Ludwig/Dreamstime; 70bl: iStockphoto; 70br: Heiko Kiera/Shutterstock; 71tl: iStockphoto; 71tr: Matt Jeppson/Shutterstock; 71 (baby turtle): Masa Ushioda/Alamy; 71bl: Mitch Reardon/Science Source; 71br: Visual&Written SL/Alamy; 72t: Jim Richardson/Getty Images; 72b: Emily Françoise/Alamy; 73tl: SCUBAZOO/Photo Researchers, Inc.; 73tcl, 73tcr: iStockphoto; 73tr: Win Nondakowit/Fotolia; 73bl: iStockphoto; 73br: Stephen McSweeny/Shutterstock; 74t: Katy Elson; 74b: Sergey Uryadnikov/Shutterstock; 75: iStockphoto; 76–77: Isselee/Dreamstime; 78–79: iStockphoto; 80: Heiko Kiera/Shutterstock.

Créditos de cubierta

Background: gawrav/iStockphoto. Front cover: (tl) Martin Harvey/Getty Images; (c) Keren Su/Corbis; (bl) Mark Conlin/Getty Images; (br) Eric Isselée/Shutterstock. Spine: Martin Harvey/Getty Images. Back cover: (tr) Thierry Montford/Biosphoto/FLPA; (computer monitor) Manaemedia/Dreamstime.

Esta cría de pitón ha atrapado a un sapo y lo aprieta con su cuerpo hasta matarlo. ¡Luego se lo tragará entero!